AF198685

MS-Gedankenspiele IV

Einfach Liebe ... vielleicht

Bibliografische Information der Deutschen
Nationalbibliothek: Die Deutsche
Nationalbibliothek verzeichnet diese Publikation
in der Deutschen Nationalbibliografie;
detaillierte bibliografische Daten sind im
Internet über http://dnb.d-nb.de abrufbar.

Satz und Layout: Caroline Régnard-Mayer
Coverfoto: m-zonerling-365891
und tony-lam-hoang-199785
Fotos: unplush.com und pixabay.com
Herstellung und Verlag:
BOD - Books on Demand,
Norderstedt
ISBN: 9783746047355

Caroline Régnard-Mayer

MS - Gedankenspiele IV

Einfach Liebe ... vielleicht

Books on Demand

Dezember 2017

Nicht immer bedarf es vieler Worte. Auch in diesem Büchlein ...

... und nicht am Ende des Jahres, nicht während der vergangenen Monaten. Manche Gegebenheiten treten überraschend und unvermittelt in unser Leben. Auch die Liebe.
Es trifft uns wie ein Blitz, von einer Sekunde auf die nächste. Unverhofft.
Manche Menschen verweilen; halten inne. Wieder andere spüren nichts von den Anfängen; nicht aus Achtlosigkeit. Sie sind in Gedanken mit sich selbst beschäftigt; mit ihrer Vergangenheit.
Liebe kann einen Menschen verletzten - auf Lebzeiten. Doch die Liebe beflügelt auch trotz Handicap. Sie ist vergänglich, zugleich das Gegenteil. Sie kann auch neugierig auf das Leben machen — Beflügeln, um neu durchstarten.
Die Liebe verändert uns.
Alles ist möglich.

Einfach Liebe ... vielleicht.

Glauben Sie nicht Schokolade
wäre ein Ersatz für Liebe.
Die Liebe ist vielmehr Ersatz für
Schokolade.
Miranda Ingram (Kunstfigur)

Anfang

Magie

Sterne funkeln am Himmel
Feenstaub tanzen golden um mich
es glitzert und funkelt
endlich wieder Licht am Horizont
Magie — sie hat mich verzaubert.

Pedale

Fahrtwind um die Ohren
es duftet nach Wald
das Wasser sprudelt im Bach
die Sonne streichelt das Gesicht
Pedale für Pedale fahre ich
der Freiheit und dem Glück entgegen.

Davor

Das Herz klopft und springt
Misstöne im Netz
erst Annahme dann Blockade
Vermittlungen
ein Aufatmen
neuer Versuch
treffen vereinbart
und dann?
Das Herz klopft und springt im
Dreivierteltakt! ♫

Danach

Ich kenne dich nicht
doch magisch zieht mich etwas an
kann es nicht erklären
es treibt mich auf dich zu
doch dann gehe ich leider unter.

Schicksalsklänge

Schicksalsklänge
Ich höre das Flüstern des Windes
verstehe die Worte zuerst undeutlich
doch sie führen mich zu dir
unbekannt

Demut

Geduld zu haben
ist eine große Gabe
sie wird belohnt.

Ungeduld verdirbt den Charakter
recht sich still und leise
doch auch die Ungeduld
und die Geduld können sich mögen
und sich ineinander verlieben.

Ohne Worte

Verliebt sein
Schwärmen
Hoffen
Bangen
Beschnuppern
Rückzug

Vertrauen
— ach, lass es doch auf dich
zukommen!

Der erste Blick
die erste Umarmung
sie hält mich fest
umschließt mein Herz
rettet mich vor mir selbst
sie wärmt mich auf lange Zeit.

Blicke

Blicke sagen oft mehr als jedes Wort
sie umschließen mich mit deinem
Herzen
heute und morgen und in Ewigkeit.

Danach 2

Missverständnisse
Verleugnungen
von außen an uns heran getragen
doch der Verstand und unsere Herzen
fanden ihren Weg.

Feuer

Die erste Begegnung trotz Widrigkeiten
entfachte das Feuer,
die Sonne leuchtet unseren Weg,
streut kleine Hoffnungsschimmer
die Flamme entfacht sich durch
Vertrauen,
zaghaft,
doch die Zeit heilt alle Wunden.
Das Feuerwerk wird auch für uns in den
schönsten Farben strahlen.

Ich freue mich auf mein neues Leben!

Der Tag beginnt

Warten am Morgen
Nachtsand aus den Augen
die Sonne glitzert
aufwachen und den Tag beginnen
freuen auf deine Worte
Handy summt
deine Nachricht streichelt meine Seele
der Tag kann beginnen.

MS

Morgengrauen
ich hechte von Termin zu Termin
aufgelegt von anderen
mein Körper reagiert
da lacht die MS
ich ziehe mich zurück
ihr könnt mich mal.

Die Sonne lacht
mein Herz hüpft
ich lache vor mich hin
und hüpfe über Stock und Stein.

Zeiten

Zeiten sich zu sammeln
Zeiten um abzuwarten
Zeiten der Sehnsucht
Zeiten der Hoffnung
Zeiten der Liebe

Blick

Dieser eine Moment
nur ein Blick genügt
um zu wissen
dass ein Mensch in dein Leben tritt
der vielleicht bleibt
und dich verzaubert.

Zweifel

Die Wahrheit ist bitter
schmeckt wie eine Zitrone
doch sie bringt dich auch weiter
du warst auf dem falschen Weg.

Liebe und Turbulenzen

Abwarten

Abwarten
überlegen
soll man das schreiben?
löschen
wie klingt das denn?
orientieren
finde kein Ende
überlegen
bin ich bereit?
ausschalten
Handy auf stumm.

Zwischenwelt

Jeden Morgen der Blick zum Handy
hoffen auf eine Nachricht von dir
einsaugen — jedes Wort
spüren — ist da mehr?

Freuen
der Tag beginnt mit Sonne
am Abend funkeln die
Sterne
die Nacht ohne Gruß wäre
fatal
doch wo führt es hin?

Wechselbad der Gefühle
Annähern
entfernen
schwer damit umzugehen
viel geschrieben
Rückzug
ich verstehe die Welt nicht mehr

Date im Nirgendwo

Dein Blick verlegen
meine Hände unruhig
das Schlagen beschleunigt in beiden
Herzen
ein zaghafter Blick
doch ich kann ihn nicht deuten
bleibe sprachlos zurück

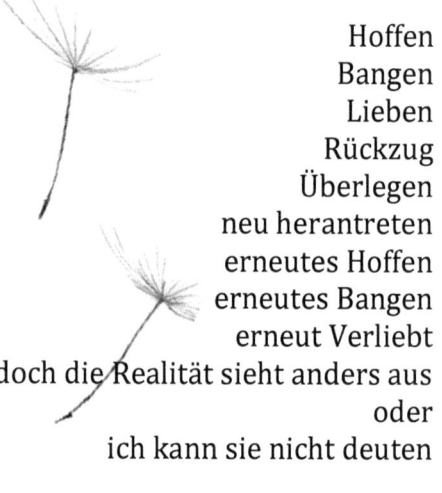

Hoffen
Bangen
Lieben
Rückzug
Überlegen
neu herantreten
erneutes Hoffen
erneutes Bangen
erneut Verliebt
doch die Realität sieht anders aus
oder
ich kann sie nicht deuten

Auszeit

Die Zeit ist reif
die Akkus leer
faul sein für bestimmte Zeit
nichts tun
sich pflegen und hegen — die Seele
baumeln lassen
Klinik-Auszeit

Alltag

Er hat mich wieder
greift nach mir
gönnt mir keine Ruh
lässt mich hantieren
und malochen
die Seele schreit
doch es gibt erst mal kein Entrinnen.

Niemand kann dich retten — nur du
selbst.

Beginn

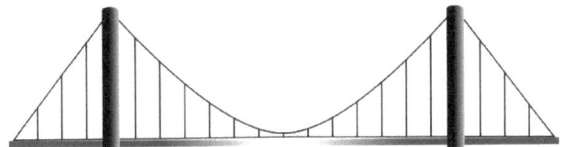

Brücken müssen überwunden werden
ein Abenteuer wartet
in der Bandbreite der Farben.

Streit

Hör auf dein Herz
hör auf dein Verstand
beide streiten sich
wer wird siegen?

Wachstum

Hoffnung keimt auf
wie eine kleine Blume,
die sich im Frühling entfaltet.
Hoffnung zu haben,
dass die Blume wächst
und gedeiht,
— wie die Liebe.

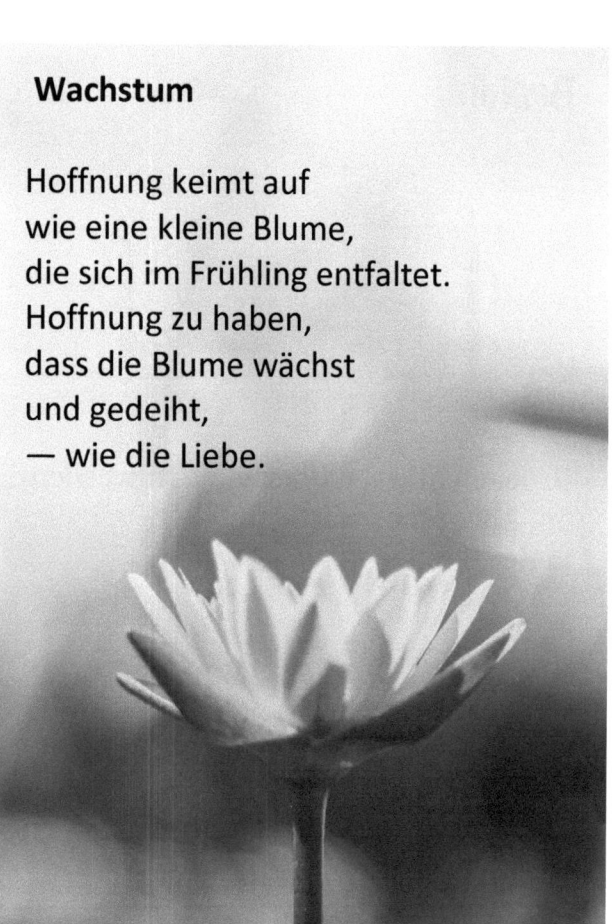

Zeit

Die Zeit heilt Wunden, sagt man
die Zeit bringt Nähe und Distanz
die Zeit lernt uns zu lieben
die Zeit ist für oder gegen uns!

Anlehnen

Ich wage es mich anzulehnen
voller Glücksgefühl.
Es fällt mir schwer,
noch ...
ich wage es mich anzulehnen.

Einfach so ...

Du zauberst mir ein Lächeln ins
Gesicht
einfach so
ich denke an dich
und es passiert.

Blicke

Wage keinen Blick zurück
es tut dir nicht gut.
Blicke nach vorne
es tut dir gut.

Sie

Passiert ihr das
mit grauen Haaren
reich an Erfahrungen
mit Narben auf der Seele
...
es passiert einfach so
schicksalshaft die Begegnung
jung fühlt sie sich
lässt sich fallen
...
und zieht sich zurück
keine weiteren Narben
doch das Leben ist zu kurz.

Handyrausch

Es klingelt
drück die Taste
und atme auf
Liebesschwüre und Worte
auch so ist kennenlernen möglich.

Bedingungen

Schal schmecken die Worte
die sie liest
mehrmals
es ändert nichts am Inhalt
erdulden oder gehen
akzeptieren und bleiben
— will sie das wirklich?

Verletzte Seele

Verletzt wurde seine Seele
sagt mir die Freundin
verletzt wurde meine Seele
das wiederum sagt niemand.

Verrückt

Die Ereignisse überschlagen sich
die Gedanken ebenso
die Gefühle spielen verrückt
das Adrenalin ebenso
das Leben hat begonnen
das Spiel ebenso
der Verstand setzt aus
die Vernunft ebenso
die Schmetterlinge fliegen
die Herzen ebenso
— es ist so verrückt!

Abwarten

Unglaublich, was hier passiert
sagt der Verstand zum Gefühl
Hast du die beiden gesehen?
Ja, sagt das Gefühl
sie werden Mut und Vertrauen
brauchen.
Wissen sie das, fragt der Verstand?
Ja, sagt das Gefühl
sie sind mutig und das Vertrauen
kommt mit der Zeit.
Bist du wirklich überzeugt?
fragt der Verstand das Gefühl
Ja, sagt das Gefühl
wart es einfach ab!

Zweifel

Die Entfernung trennt sie
packen sie das?
Zweifel schleichen sich in die Träume
schlaflos
am Morgen sind die Zweifel verflogen
die Nacht war dunkel und kalt
der Tag ist hell und warm
und die Entfernung trennt sie immer
noch

Zweifel
sie bleiben
legen sich auf deine Seele
verbinden deine Augen
es wird dunkel
du grübelst
doch am Ende steht der Anfang
er fängt dich auf und
öffnet dir die Augen
Wage keinen Blick zurück
Blicke nach vorne
es tut dir gut
Glück

Handyrausch 2

Es wird gelacht
geschrieben mit tauben Finger
das Herz schlägt bis zum Hals
trunken vor Liebe
greif doch zum Hörer
die Stimme warm und herzlich
ein Rausch betrunken am Handy.

Vergangenheiten

gehören zum Leben
sagt man

du weißt es auch
doch quält es dich
ob die Verarbeitung vollzogen
Vergangenheit vergangen ist

es bleibt ein Restrisiko
du musst vertrauen
doch kannst du das?

lass die Vergangenheit los
sagt man
dann tut es nicht mehr weh

Das Gestern ist Vergangenheit.
Das Morgen ist ein Geheimnis.
Das Heute ist ein Geschenk.

Sie springt und hüpft
in Gedanken
Sie tanzt und dreht sich
in Gedanken
sie hat MS
in Gedanken
für diesen Augenblick

Verabreden

Das Datum rückt näher
die Nerven liegen blank
Freude und Angst
im Wechsel der Gefühle
unfassbar
Entfernung aufgehoben
es wird nun ernst.

Gedankenspiele

Zauber verflogen
still und leise
durch deine Bedingungen
nichts mehr
dass mich verzaubert.

Das Netz

Lass dich fallen
du hast es verdient
das Netz ist gespannt
es wird dich auffangen
das Leben
lass dich fallen
ins Netz
es wird dir gefallen
nur Mut
das Netz ist doch gespannt
für den freien Fall
nur Mut
die Liebe fängt dich auf.

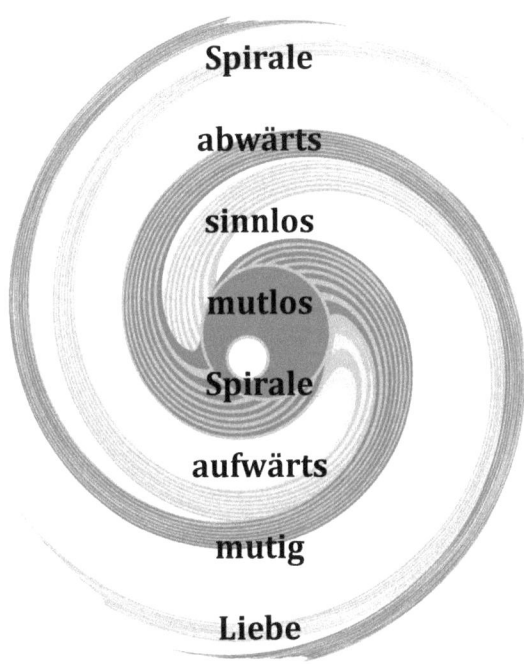

Spirale

abwärts

sinnlos

mutlos

Spirale

aufwärts

mutig

Liebe

Lange ist es her
doch deine Arme umfangen mich
will ich das?
frag mich das ständig
die Angst schnürt die Kehle zu
Angst vor Neuem
Angst sich zu verlieren
Angst verletzt zu werden
Lange ist es her
doch ohne Einsatz
keine Liebe
kein Umarmen
kein Ankommen
Geborgenheit
verstanden werden
Lange ist es her

Handicap
warum nicht?
fragt die Liebe

alles ist möglich
sagt die Liebe

wenn es nur so einfach wäre
antwortet die Vernunft

dann probiere es aus
sagt die Liebe
alles ist möglich

Alles ist möglich
sagt die Freundin
die hat mehr Mut als ich
Alles wird gut
sagt sie
Alles auf Freundschaft
sagt sie
auch das ist gut!

Auf und ab
nicht schlafen
grübeln
reden
abwägen
entfernen
neuer Versuch
so wird das nix
sagt dein Verstand
die Vernunft siegt
abwarten
zuhören
austauschen
entgegen gehen
die Liebe erwartet dich

Am Ende ein großes Fragezeichen
wie alles im Leben
Einfach Liebe
... vielleicht

Ein paar letzte Gedanken und ein Dankeschön

All denjenigen Menschen, ebenso vielen Autorenkollegen, die mich jederzeit unterstützen, egal bei welchem Buchprojekt, die an mich glauben und die seit Jahren an meiner Seite sind.

Ich brauche das Schreiben wie die Luft zum Atmen; es hilft mir, zu verarbeiten und meinen Alltag für viele Stunden zu vergessen. Schreiben ist für mich Therapie!

Ich danke allen Facebook-Freunden, die mir immer wieder schreiben und unermüdlich an meiner Seite sind. Danke.

Caroline Régnard-Mayer, geboren im
Mai 1965, ist von Beruf MTLA. Berentet
seit 2005 durch ihre Erkrankung Multiple
Sklerose. Sie hat zwei Kinder und lebt in
Landau in der Pfalz.

Die Autorin schreibt Ratgeber für
andere Betroffene zur Ermutigung und
Information, ebenso zur eigenen Krank-
heitsbewältigung. Bekannt in Fachkreisen
wurde sie mit ihrem ersten Buch
„Frauenpower trotz MS ... aus dem Leben
gegriffen!". Das wichtigste Buch für die
Autorin ist ihr Ratgeber "Wir haben MS
und keiner sieht es!", erschienen 2015. Es
beschreibt die unsichtbaren Symptome
bei Multiple Sklerose und leistet einen
wichtigen Beitrag zur Stärkung und
Information der Betroffenen und ihren
Angehörigen.

Im Oktober 2017 erschien der ergänzende Ratgeber "Das Gesicht hinter der Diagnose Multiple Sklerose"... Der Tag endet nach einem Arztbesuch mit der Diagnose Multiple Sklerose (MS); das ist ein Schock für jedermann. Das Leben steht für einen Moment still. Caroline Régnard-Mayer, spricht über ihre Erfahrungen und gibt offen und ehrlich Antworten auf oft gestellte Fragen. Die Autorin ist bekannt durch die Veröffentlichung zahlreicher MS-Bücher sowie ihren Blog rund um die Krankheit Multiple Sklerose.

Aufgrund ihrer jahrelangen Gruppenleiterfunktion einer Selbsthilfegruppe und den regen Austausch mit MS-Betroffenen, weiß sie von der anfänglichen Unsicherheit nach dem Erhalt der

Diagnose und der daraus resultierenden Hilflosigkeit, die diese Erkrankung auslösen kann.

Caroline Régnard-Mayer macht Mut. Sie gibt erste Hilfestellung und Unterstützung auf dem "neuen" Weg der Betroffenen.

Sie können Kontakt mit der Autorin aufnehmen unter:
www.frauenpower-ms.jimdo.com
www.caroregm.blogspot.de

Ihr erster belletristischer Roman erschien im Sommer 2016 unter dem Pseudonym

Rachel Parker. Hier konnte sie ihre Fantasie und ihre Geschichten, die sie seit vielen Jahren im Kopf hatte, endlich zu Papier bringen. Außerdem möchte sich die Autorin von der bereits zahlreich, veröffentlichten Literatur über die Erkrankung Multiple Sklerose (MS) abgrenzen. Der Debütroman bedeutete ihr Herzblut und beweist, dass sie auch moderne und unkonventionelle Love Storys mit spannenden Charakteren – mal humorvoll, mal dramatisch, aber immer mit Herz, schreiben kann. Im Juli 2017 erschien ihr Roman "Im Meer des Glücks".

MS - Gedankenspiele (Band 1)
"Schwächen und Stärken"
ISBN: 978-3738609028, Verlag BOD, als
Taschenbuch und E-Book überall erhältlich!

MS -Gedankenspiele 2 (Band 2)
"Sturmwarnung mal wieder verpasst
ISBN: 978-3741242847, Verlag BOD, als
Taschenbuch und E-Book überall erhältlich!

Lichterglanz im Advent (Band 3)
Gedankenspiele 3 - Sonderedition
ISBN: 978-3741281648, Verlag BOD, als
Taschenbuch und E-Book überall erhältlich!

MS - Gedankenspiele 1 und 2
(Sammelband)
Gedichte für die Seele
ISBN: 978-745013542, Verlag epubli, **nur**
als Taschenbuch überall erhältlich!

Hat Ihnen mein Buch und meine Gedankenspiele gefallen, dann würde ich mich sehr über eine Rezension auf Amazon oder sonstigen Online-Shops freuen!

Ihre
Caroline Régnard-Mayer